Wolfgang Kulla

SICHERHEIT AM BERG

Regeln, Tipps und Hinweise für Ski- und Snowboardanfänger oder für die, die es werden wollen

Bibliografische Information der Deutschen National-bibliothek: Die Deutsche Nationalbibliothek verzeichnet diese Publikation in der Deutschen Nationalbibliografie; detaillierte bibliografische Daten sind im Internet über dnb.dnb.de abrufbar.

Herstellung und Verlag:
BoD - Books on Demand, Norderstedt
ISBN: 9783756822249

Inhalt

Anmerkung:
*Aus Gründen der besseren Lesbarkeit wird auf die gleichzeiti-
ge Verwendung der Sprachformen männlich, weiblich und
divers (m/w/d) verzichtet. Sämtliche Personenbezeichnungen
gelten gleichermaßen für alle Geschlechter.*

Ab auf die Piste und Loipe!

Viele Menschen zieht es im Winter ins Gebirge, um die Berge hinabzufahren oder sich im Skilanglauf zu trainieren. Ob alpin oder Langlauf – der Wintersport bedeutet nicht nur Spaß und Freude, sondern hält außerdem unsere Fitness und Gesundheit in Schwung.

Skifahren und Snowboarden sind die bedeutendsten Arten des Wintersports. Millionen Menschen besuchen in einer Wintersaison die Skiregionen der Gebirgsländer.

Bei allem Spaß, den diese Sportarten bieten, haben sie auch ihre Tücken. Sie sind eine risikoreiche Betätigung und es kommt darauf an, mit Bedacht und Verantwortungsbewusstsein Unfälle und gegenseitige Gefährdungen zu vermeiden.

Deshalb gilt es, Regeln, Verbote, Hinweise und Festlegungen einzuhalten. Das setzt jedoch voraus, dass man sie auch kennt! Vieles gerät in Vergessenheit, wenn zwischen den Kursen in der Skischule eine lange Zeit vergangen ist oder der Wintersport unregelmäßig betrieben wird.

Dieser Ratgeber soll Skischulen-Teilnehmern, Anfängern und Einsteigern, aber auch Ungeübten und Unsicheren jeden Alters helfen, einen sicheren und erlebnisreichen Sport zu gestalten.

Einiges über die Ausrüstung

Zum Skifahren/Snowboarden - das ist jedem klar - braucht man Skier (Snowboard), Skistöcke, Skischuhe (Snowboard Schuhe), Skihelm und Skibrille.

Für diese Sportarten ist eine spezielle Wintersportkleidung, die warm hält und atmungsaktiv ist, zu empfehlen.

Eine Ski- oder Snowboardausrüstung ist sehr teuer. Als Anfänger/Einsteiger ist man gut beraten, die Ausrüstung nicht gleich zu kaufen, sondern erst einmal auszuleihen, um zu sehen, ob die Sportart etwas für einen ist. Und außerdem kann man, wenn es Probleme gibt, die Schuhe oder die Skier/das Snowboard umtauschen.

Wer die Ausrüstung gekauft hat, sollte beachten, dass man diese einmal im Jahr von einem Fachmann prüfen lässt. Der Bindungseinstellnachweis ist aufzubewahren (unter Umständen, bei Erfordernis, zur Vorlage bei der Versicherung).

Beim alpinen Sport ist der Kopfschutz ein wichtiger Ausrüstungsgegenstand. Das Ausleihen eines Skihelmes ist nicht ratsam. Es ist zu bedenken, dass die Haltbarkeit zirka 3 - 5 Jahre beträgt. Die Haltbarkeit wird vom Hersteller angegeben und das Herstellungsdatum (Monat/Jahr) ist in der Regel an der Innenseite des Helmes ersichtlich.

Beispiel:

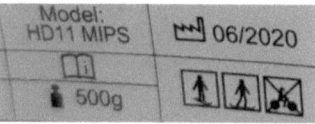

Der Helm muss TÜV-geprüft sein und den Sicherheitsanforderungen der europäischen Norm EN 1077 entsprechen. Nach einem Sturz sollte der Helm ersetzt werden.

Immer mehr alpine Skifahrer/Snowboarder fahren mit einem Helm und das ist richtig so, denn ein Unfall kann ohne Tragen eines Helmes eventuell noch tragischer enden, als er ohnehin schon ist.

Aber ist das Tragen Pflicht? Hier eine Übersicht:

Helmpflicht gibt es zurzeit nur für Kinder und Jugendliche:

Österreich: Bis zum 15. Lebensjahr in Salzburg, Steiermark, Kärnten, Ober- und Niederösterreich, Burgenland und Wien.

In Tirol und Vorarlberg gibt es eine öffentliche Empfehlung.

Italien: Bis zum 14. Lebensjahr

Slowenien/Kroatien: Kinder unter 14 Jahren

Polen: Bis zum 16. Lebensjahr

Slowakei: Bis zum 15. Lebensjahr

In Deutschland, Tschechien, Frankreich, Norwegen, Schweden, Spanien, Schweiz, Kanada und in den USA gibt es derzeitig keine Helmpflicht.

Wer in Ländern mit Helmpflicht von der Polizei ohne Helm angetroffen wird, muss unter Umständen mit einer Strafe rechnen (z. B. in Italien).
Und das Nichttragen kann bei der Regelung von Unfällen durch die Versicherung zu Problemen führen (fahrlässiges Handeln!).

Übrigens, der Kopfschutz ist sowohl beim Abfahrtsskilauf und Snowboarden als auch beim Fahren mit anderen Wintersportgeräten, wie zum Beispiel Skibobs oder Rodelschlitten, zu tragen.

Ob Pflicht oder keine Pflicht – ein dringender Rat: Tragt einen Helm!

Erwachsene haben für die Kinder eine große Vorbildrolle zu erfüllen und sollten nicht auf den eigenen Kopfschutz verzichten.

*Wenn man schon einiges im **alpinen Skifahren/Snowboarden** drauf hat, will man sich natürlich auch im **Snowpark** ausprobieren. Spätestens dann ist es sinnvoll, Überlegungen über Protektoren anzustellen. Ein Rückenprotektor (Beispiel siehe Bild) bewahrt die Wirbelsäule vor Schaden.*

Arm- und Beinschienenprotektoren werden ebenfalls angeboten. Prinzipiell halten Protektoren 5 – 6 Jahre, dann wird das Material porös. Auch hier sind die Herstellerangaben zu beachten. Die Protektoren müssen die Anforderungen der europäischen Norm EN 1621 erfüllen.

Na klar, Protektoren stellen natürlich nicht nur im Snowpark einen wertvollen Ausrüstungsgegenstand dar, sondern auch bei den Abfahrten.

Beim Snowboarden ist das Tragen eines Handgelenkschutzes zu empfehlen. Solche Handschuhe tragen dazu bei, die Wahrscheinlichkeit von Verletzungen am Handgelenk zu minimieren.

Wie trägt man die Ski/ das Snowboard?

Transportiert werden die Ski ineinandergesteckt mit der Spitze nach vorn und entweder auf der Schulter oder senkrecht getragen (wenn es die Situation erfordert - z.B. im Gondelbereich / Treppe). In jedem Fall ist die Lage der Bindungsbremse zu beachten (siehe Bild), damit die Skier beim Tragen nicht auseinanderrutschen.

Die Bindung liegt hinter der Schulter. Man legt den Arm über den vorderen Teil der Skier, um diese ein wenig nach unten zu drücken. Die Bindungsbremse des oberen Skis ist unten. Die Stöcke werden seitlich nach unten getragen.

Bindungsbremse des vörderen Skis

Auch so lassen sich die Ski gut tragen (z.B. in Räumen, im Gondelbereich). Die Bindungsbremse vom vorderen Ski ist unten.

Geht es die Treppe hoch oder runter, dann ist es sinnvoll, die Ski senkrecht zu tragen.

Auf einer Rolltreppe die Ski eine Stufe **vor sich** senkrecht hinstellen (sowohl auf-, als auch abwärts).

Auch kleine Ski sind für die kleinen Kinder schwer. Am einfachsten tragen Kinder ihre Ski quer vor sich auf die Arme gelegt.

Das Snowboard wird seitlich am Körper getragen. Die Bindungen sind dabei außen.

Will man das Snowboard auf dem Berg nur ablegen, dann das Board mit der Bindungsseite nach unten in den Schnee legen. So kann es nicht rutschen.

Auf die Piste/Loipe und los?

NEIN! Skifahren ist Sport und soll Spaß machen! Oh-ne Aufwärmen anzufangen, ist nicht empfehlens-wert. Ein paar Übungen vor dem Start wirken Wunder, denn Seh-nen, Bänder und Muskeln werden dadurch elastischer und beugen Verletzungen vor und unterstützen die Durchblutung wie auch die Atemwege.

Das Fahren mit Ski/Snowboard ist anstrengend und die Höhe der Skigebiete kann für Anfänger und Einsteiger eventuell problematisch sein.

Hier einige Beispiele für die Übungen:
- *auf der Stelle laufen (hopsen)*
- *Hampelmänner*
- *leichte Kniebeugen*
- *schwungvolle Arm- und Oberkörperbewegun-gen*

Und wichtig ist auch, dass man im Laufe des Tages mehrere Pausen einlegt, um sich zu erholen.

Vor der Wintersaison sollte man vor allem Aus-dauer und Beinmuskulatur stärken.

Wie kommen wir auf den Berg?

Der Schlepplift

*Beim **Schlepplift** gibt es zwei Arten: Den **Tellerlift** (hier wird nur eine Person befördert) und den **Ankerlift** (Doppelbügel) mit einem Bügel für bis zu zwei Personen.*

*Das **Anstellen** muss geordnet und diszipliniert vor sich gehen (Tellerlift: einzeln; Ankerlift: paarweise). Kein Vordrängeln! Weisungen des Liftpersonals sind zu befolgen und die Signalisation zu beachten.*

Snowboarder müssen aus der hinteren Bindung heraussteigen.

*Ist man an der Reihe, dann flink an die **Einstiegsstelle** herantreten und beide Skistöcke in die äußere Hand nehmen. Dann blickt man nach hinten zum herannahenden Bügel, greift mit der freien Hand danach und hält sich daran fest. In der Regel steht das Liftpersonal an der Einstiegsstelle und reicht den Teller oder Bügel. Sollte niemand da sein, dann Teller oder Bügel selbständig ergreifen.*

14

Kinder *ab 1 m Mindestgröße dürfen allein fahren. Voraussetzung ist bereits vorhandene Sicherheit im Skifahren/Snowboarden.*

Besonders bei Kindern sind hohe Sicherheitsanforderungen notwendig.

Verfängt sich der Bügel bei einem Sturz in der Bekleidung, kann es durchaus zu einem folgenschweren Unfall kommen. Oftmals können Kinder sich in der Panik nicht selbst behelfen und werden unter Umständen vom Lift mitgeschleift.

Deshalb ist eine **korrekte Bekleidung** *äußerst wichtig: keine Schlaufen, keine Schals, keine Kapuzen, keine Bänder, nichts woran der Bügel sich eventuell verfangen kann. Selbst das Haltesystem für die Skibrille am Skihelm sollte vorher geöffnet werden.*

Sinnvoll ist es, ältere Skifahrer/Snowboarder einen Bügel vor den Kindern und einen Bügel nach den Kindern zu platzieren. So könnte eine schnelle Hilfe gesichert werden.

Und noch ein Tipp: Es ist nie verkehrt, sich über den Standort des Notausschalters zu informieren. Es ist möglich, dass kleine Lifte ohne Liftpersonal betrieben werden.

Man darf sich beim **Anfahren** nicht auf den Bügel setzen, sondern muss aufrecht stehen und sich leicht mit der oberen Hinterseite der Oberschenkel gegen den Bügel lehnen.

So lässt man sich ziehen. Die Snowboarder stellen ihren freien Fuß zwischen die Bindungen.

Der **Teller** wird zwischen die Beine geführt. Auch hier gilt: Nicht hinsetzen, sondern gerade stehenbleiben! Eine Hand hält sich an der Stange fest. Die andere Hand trägt die Skistöcke.

Beim **Fahren** schön das Gleichgewicht halten und sich nicht hin- und herbewegen. Sich nicht nach außen oder auf den Partner lehnen.

Die Skier (das Snowboard) sind in der Spur zu halten. Das Slalomfahren ist verboten! Ein vorheriger Ausstieg ist gefährlich, für sich selbst und für andere.

Schön auf der Trasse fahren und nicht hin- und herpendeln!

Natürlich kann es passieren, dass der Schlepplift angehalten wird. Dann ruhig die beschriebene Körperhaltung beibehalten und sich nicht wundern, wenn man ein kleines Stück nach hinten rutscht.

Bei einem **Sturz** nicht in Panik geraten. Schnell aufstehen und die Spur verlassen, denn nachkommende können schlecht ausweichen.

Der Liftfahrer hat natürlich gegenüber Personen, die die Trasse überqueren wollen, den Vorrang.

Ist der **Ausstieg** in Sichtweite, beginnt die Vorbereitung zum Aussteigen. Kontrolliere, ob sich der Bügel nicht in der Bekleidung verfangen hat!

Wichtig ist, dass man nicht zu früh den Schlepplift verlässt. Wenn die Ausstiegsstelle erreicht ist (kleiner Abhang), rasch den Bügel in Fahrtrichtung loslassen (Teller herausführen) und ihn nicht seitlich im hohen Bogen wegwerfen (Fahrer, die vorher ausgestiegen sind, könnten vom Bügel getroffen werden).

Dann auf die vorgeschriebene Seite abfahren und schnell den Ausstiegsbereich verlassen. Auf keinen Fall in diesem Bereich verweilen!

Der Sessellift

Wie beim Schlepplift gilt auch hier das geordnete **Anstellen.** Drängeln sollte man tunlichst unterlassen. Weisungen des Liftpersonals sind zu befolgen und die Signalisation zu beachten.

Der Snowboarder steigt aus der hinteren Bindung.

Bei **Kindern** sind die Hinweise auf **Mindestgröße** unbedingt zu beachten. Jedes Kind, das unter 125 cm ist, braucht auf einem Sessellift eine geeignete Begleitperson. Die begleitende Person muss in der Lage sein, mitfahrenden Kindern die erforderliche Hilfestellung zu geben.

Sehr junge Kinder sollten ohne Stöcke den Sessellift nutzen (die Stöcke tragen die Erwachsenen).

Nach dem Durchlass bewegt man sich zügig an die **Einstiegsstelle** (manche Sessellifte haben ein Förderband). Die Stöcke sind in eine Hand zu nehmen. Man blickt nach hinten zum herannahenden Sessel.

Nach dem Platznehmen ist der Sicherungsbügel unter Rücksichtnahme der anderen

Sesselpartner zu schließen (es gibt Sessellifte, da schließt der Sicherungsbügel automatisch).

Skier und Snowboard auf die jeweilige Auflagestange stellen und sie ruhig in Fahrtrichtung halten. Wer einen Rucksack dabei hat, sollte ihn vorn tragen.
Angelehnt sitzen bleiben, sich nicht auf den Sicherungsbügel auflehnen.

Während der **Fahrt** ist es verboten zu schaukeln, Gegenstände hinabzuwerfen oder vorzeitig auszusteigen. Es gilt ein striktes Rauchverbot!

Auch bei einer längeren **Fahrtunterbrechung** heißt es, Ruhe zu bewahren. Informationen sind abzuwarten und niemals sollte eigenmächtig gehandelt werden. Das Abspringen ist lebensgefährlich!

Ist der **Ausstieg** in Sichtweite, sind die Skier/das Snowboard von der Auflagestange herunterzunehmen.

Der Sicherungsbügel ist erst bei Erreichen des Hinweisschildes zu öffnen (es gibt Sessellifte, da öffnet sich der Sicherungsbügel automatisch).

Wenn der Bügel oben ist, lehnt man sich zurück und hebt die Skispitzen/das Snowboard etwas an.

An der **Ausstiegsstelle** nach vorn den kleinen Abhang bei Möglichkeit **gerade** herunterfahren. Schnell diesen Bereich verlassen und nicht stehenbleiben.

Die Pisten/Loipen und Schilder sind farbig

Skipisten (Abfahrtsstrecken, Übungshänge) und Loipen sind präparierte Schneeflächen. Sie werden angelegt, hergerichtet, unterhalten und kontrolliert (einschließlich Schlusskontrolle des allgemeinen Pistenzustandes).

Die runden oder rechteckigen Schilder mit der Nummer der Piste/Loipe (oder mit einem Richtungspfeil) haben verschiedene Farben und geben an, wie schwierig die Piste/Loipe ist.
Das ist weitgehend überall gleich geregelt!

Pisten alpin

  **Grün:** *sehr leicht, ungefährlich auch für Anfänger ohne Erfahrung (wird nicht überall angewendet, üblich in Frankreich, Nordeuropa)*

   Blau: *leicht, maximales Gefälle 25 Prozent, für Anfänger, Einsteiger*

   Rot: *mittelschwer, maximales Gefälle 40 Prozent, für Fortgeschrittene, geübte Anfänger*

   Schwarz: *sehr schwer, Gefälle mehr als 40 Prozent, für Profis, erfahrene Fahrer, wer auf roter*
Piste Schwierigkeiten hat, sollte die schwarze Piste unbedingt meiden.
*Die mit **Kreis, Viereck und Sechseck** versehenen Schilder sollen bei schlechter Sicht und bei verminderter Farbwahrnehmung klarer erkennbar sein.*

Gelb: Markierte Abfahrten (Skiroute) – **nur für Top-Skifahrer und Snowboarder** (Tiefschneeabfahrten). Die Flächen werden nur beschränkt angelegt, hergerichtet und kontrolliert (keine Schlusskontrolle).

Loipen/Piste (Skilanglauf)

Blau (leicht): Für Anfänger und Kinder, die zum ersten Mal langlaufen.
Die Loipen verlaufen überwiegend flach und haben in der Regel nicht mehr als 10 Prozent Gefälle/Anstieg.

Rot (mittelschwierig): Für Läufer mit Erfahrung. Die Strecken führen vorwiegend durch hügeliges Gelände und können bis zu 20 Prozent Gefälle/Anstieg aufweisen.

Schwarz (schwierig): Für sehr erfahrenen und sportlichen Langläufern. Die Anstiegs- und Gefällstrecken können 20 Prozent deutlich übersteigen.

ABER VORSICHT!

Der jeweilige Schwierigkeitsgrad soll nicht so absolut verstanden werden. Bei der Wahl der Abfahrtsstrecke/Loipe müssen stets das eigene Können und die eigenen Fähigkeiten berücksichtigt werden. Auch Tagesform, Wetterbedingungen und äußere Bedingungen sind unter anderem ebenfalls entscheidend für die Schwierigkeit einer Piste oder Loipe. Denkt daran, die Bedingungen können sich im Verlaufe eines Tages aufgrund der Witterung schnell ändern.
Lieber eine einfachere Piste/Loipe wählen, als einen Unfall riskieren!

In der Regel kann man im jeweiligen Skigebiet einen Pisten- und Loipenplan einsehen und sich orientieren.

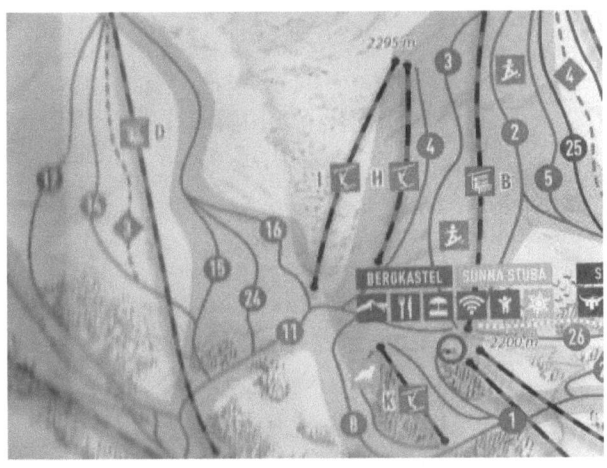

*In einem Skigebiet gibt es eine **Vielzahl von Schildern**. Auf einige wird besonders hingewiesen:*

Lawinenwarnung/Lawinengefahr
KEINESFALLS WEITERFAHREN!
LEBENSGEFAHR!
Warnstufe und Lawinenlage sind an der Kasse des Pistenbetreibers ersichtlich, auch durch rote Warnleuchte am Pistenplan.

Gesperrt *– Gelände darf nicht befahren werden! Gründe können u. a. sein: Schneemangel, Beschneiung, Pistenpräparation oder Lawinengefahr.*

Kreuzung: *Zwei Pisten/Loipen kreuzen sich; langsam heranfahren; ggf. stehenbleiben; orientieren; weiterfahren!*

Vorsicht Pistenraupe!
Sicherheitsabstand von mindestens 15 m halten, egal ob sie steht oder fährt!

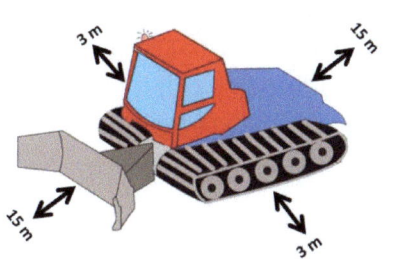

Den Skibobs und Pisten-
raupen immer den Vor-
tritt gewähren. Falls ein
Ausweichen nicht möglich
ist, anhalten und sich be-
merkbar machen.
NIE HINTERHERFAHREN
ODER SICH ANHÄNGEN! LEBENSGEFAHR!

Allgemeines Warnschild
z.B. aufgestellte Schneekanone, ge-
fährliche Abfahrt, auf Vorrat aufge-
häufter Kunstschnee,
Almhütte, Lift.

Langsam fahren!
Gründe u.a.: Almhütte, Schneeka-
none auf der Piste, Annäherung an
einen Lift, aufgehäufter Kunst-
schnee.

Achtung Rodelbahn!
Langsam heranfahren, ggf. stehen-
bleiben, orientieren, weiterfahren.

Wald- und Wildschutz-zonen; *Fahrverbot!*
Siehe auch „Wintersport und Umwelt"

In den Gondeln der Bergbahnen ist oftmals ein Aufkleber an der Innentür angebracht. Er enthält wichtige Informationen hinsichtlich der Pistensperre. Beispiel:

Örtliche Gefahrenstellen auf Pisten werden signalisiert und können auch mit Wimpeln, Stangen, Absperrbänder oder Netzen abgesperrt werden.

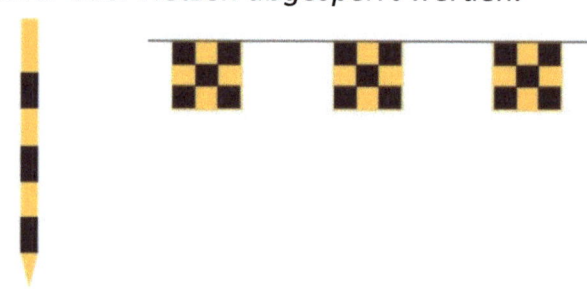

26

Für alles gibt es Regeln!

Die **Regeln des Internationalen Ski-Verbandes (FIS)** sind die Verkehrsregeln auf Pisten und Loipen und gelten als **Verhaltensregeln** für Skifahrer, Snowboarder und Benutzer von anderen Wintersportgeräten **weltweit**.

Dabei ist es egal, ob es Profis, Fortgeschrittene, Einsteiger oder Anfänger sind. Keiner hat ein Sonderrecht!

Es ist Aufgabe eines jeden, mit Bedacht und Verantwortungsbewusstsein Unfälle und gegenseitiges Gefährden zu vermeiden.

Jeder ist verpflichtet, die Regeln zu kennen und einzuhalten.

Die Regeln sind zwar kein Gesetz (wie z. B. die Straßenverkehrsordnung), aber sie werden unter anderem von den Gerichten für die Beurteilung von Streitfällen herangezogen. Auch die Versicherungen orientieren sich bei Skiunfällen hinsichtlich der Haftpflicht nach diesen Regeln.

Zunächst wird der **alpine Wintersport** betrachtet:

> **Regel 1:**
> **Rücksicht auf die anderen Skifahrer und Snowboarder**
> Jeder Skifahrer[1] und Snowboarder[1] muss sich so verhalten, dass er keinen anderen gefährdet oder schädigt.

Rücksichtnahme ist das A und O auf den Pisten.

Der Skifahrer/Snowboarder ist nicht nur für fehlerhaftes Verhalten verantwortlich, sondern auch für die Folgen einer mangelhaften/defekten Ausrüstung.

Das heißt, Skipisten dürfen nur mit solchen Skiern/Snowboards und anderen Wintersportgeräten benutzt werden, die eine besondere Gefährdung anderer Benutzer nicht herbeiführen.

Während des Skibetriebes und der Pistensperre ist es verboten, Haustiere auf der Piste frei herumlaufen zu lassen.

---

[1]   Darunter werden auch alle skiähnlichen Gleitgeräte verstanden!

29

> **Regel 2:**
> **Beherrschung der Geschwindigkeit und der Fahrweise**
> Jeder Skifahrer und Snowboarder muss auf Sicht fahren. Er muss seine Geschwindigkeit und seine Fahrweise seinem Können und den Gelände-, Schnee- und Witterungsverhältnissen sowie der Verkehrsdichte anpassen.

Unfälle sind oft Folge einer zu hohen Geschwindigkeit. Man muss fähig sein, sofort anhalten zu können oder auszuweichen.

Dazu gehört auch, dass man sich bei Unübersichtlichkeit entschließt, sofort langsam zu fahren oder anzuhalten.

Wenn es zumutbar und/oder zweckmäßig ist, kann ein **„Notsturz"** einen drohenden Zusammenstoß verhindern oder die Wucht des Aufpralls vermindern!

Fahre auf Sicht, in dem man Gelände und vor sich fahrende Personen beobachtet und mögliche Hindernisse berücksichtigt.

In der **Schweiz** können einzelne Pisten mit „Langsam-Bändern" zu „Langsamfahrzonen" (Tempo 30 - für Unsichere und Ungeübte jeden Alters) bestimmt werden.

> **Regel 3:**
> **Wahl der Fahrspur**
> Der von hinten kommende Skifahrer oder Snow-
> boarder muss seine Fahrspur so wählen, dass er vor
> ihm fahrende Skifahrer und Snowboarder nicht ge-
> fährdet.

Der vorausfahrende Fahrer hat Vorrang. Wer von hinten kommt, muss zu ihm einen ausreichenden Sicherheitsabstand einhalten.

Für all seine Bewegungen ist ihm genügend Raum zu lassen und er darf nicht gefährdet werden.

Der vorausfahrende Skifahrer ist nicht verpflichtet, während der Fahrt die Läufer hinter sich zu beobachten. Doch er ist gut beraten, die auf der Piste querenden Skiläufer und Snowboarder zu beachten und gegebenenfalls auf sie Rücksicht zu nehmen.

33

Regel 4:
Überholen
Überholt werden darf von oben oder unten, von rechts oder links, aber immer nur mit einem Abstand, der dem überholten Skifahrer oder Snowboarder für alle seine Bewegungen genügend Raum lässt.

Die zu überholenden Fahrer dürfen nicht durch den Überholvorgang in Schwierigkeiten geraten.

Der hintere Fahrer hat gegenüber dem vorderen Skifahrer beim Überholen einen angemessenen Sicherheitsabstand einzuhalten.

Vor allem langsamere Fahrer sind mit einem genügenden Abstand zu überholen.

Auch beim Vorbeifahren an stehenden Skifahrern oder Snowboardern gilt diese Regel.

35

Regel 5:

Einfahren, Anfahren u. hangaufwärts Fahren

Jeder Skifahrer und Snowboarder, der in eine Skiab-fahrt einfahren, nach einem Halt wieder anfahren oder hangaufwärts schwingen oder fahren will, muss sich nach oben und unten vergewissern, dass er dies ohne Gefahr für sich und andere tun kann.

Hier geht es darum, sich nach einem Halt wieder gleichmäßig (ohne Herbeiführung einer Gefahr für sich und für andere) in den Abfahrtsverkehr einzufü-gen. Vorfahrt hat der, der sich schon in Fahrt auf der Piste befindet. Also: Schaut nach oben! Es besteht eine **Pflicht**, zu warten und zu beobachten!

Hat man sich eingefügt (wenn auch langsam), hat man gegenüber schnelleren und von hinten oder oben kommenden Fahrern wieder den Vorrang (Re-gel 3).

Führt man Schwünge hangaufwärts aus, hat man sich zu vergewissern, dass man dies ohne Gefahr für sich und andere tun kann, denn es ist eine Bewe-gung entgegen der allgemeinen Fahrtrichtung.

Regel 6:
Anhalten
Jeder Skifahrer und Snowboarder muss es vermeiden, sich ohne Not an engen oder unübersichtlichen Stellen einer Abfahrt aufzuhalten. Ein gestürzter Skifahrer oder Snowboarder muss eine solche Stelle so schnell wie möglich freimachen.

Prinzipiell soll der Fahrer nur am Pistenrand anhalten (Ausnahme: breite Pisten). Enge Stellen und unübersichtliche Strecken sind freizuhalten.

Warnung vor Engstelle!

Regel 7:
Aufstieg und Abstieg
Ein Skifahrer oder Snowboarder, der aufsteigt oder zu Fuß absteigt, muss den Rand der Abfahrt benutzen.

Ein hoch oder runter gehender Fahrer oder Fußgänger ist für die herunterkommenden Fahrer ein Hindernis. Deshalb nur den Rand der Abfahrtsstrecke benutzen!

41

> **Regel 8:**
> **Beachten der Zeichen**
> Jeder Skifahrer und Snowboarder muss die Markierung und die Signalisierung beachten.

Siehe Kapitel „Die Pisten/Loipen und Schilder sind farbig".

Hinweis-, Gefahren- (Warn-) und Sperrtafeln werden im Interesse der Skifahrer und Snowboarder aufgestellt und weisen auf wichtige Situationen hin, die zu beachten sind.

Auf markierten Pisten bewegt man sich weitgehend sicher, da diese vor Lawinen und Absturzgefahr gesichert sind.

Das Gelände abseits der markierten Schneesportabfahrten ist nicht gesichert und sollte von Anfängern und Einsteigern nicht genutzt werden.

Pistengeräte und Skibobs der Pistenrettung fahren in der Regel mit einem Warnsignal und Rundumleuchte.

43

> **Regel 9:**
> **Hilfeleistung**
> *Bei Unfällen ist jeder Skifahrer und Snowboarder zur Hilfeleistung verpflichtet.*

Hilfeleistung ist gesetzliche Pflicht und gehört zum fairen Umgang innerhalb des Skisports. Unfallflucht kann unter Umständen wie im Verkehrsrecht geahndet werden!

Zur Hilfeleistung gehört:
- Erste Hilfe leisten (richtige Lagerung, Wunden versorgen, Schutz gegen Kälte);
- Alarmierung des Rettungsdienstes (Ort, Zeit, Anzahl der Verletzten, Art der Verletzungen);
- Absicherung der Unfallstelle (5-10 m oberhalb der Unfallstelle, Skier über Kreuz in den Schnee stellen, bei schlechter Sicht ggf. Kleidungsstück drauflegen);
- Signalisierung/Warnung anderer Fahrer;
- Warnposten aufstellen;
- Halte, insbesondere bei Kollisionsunfällen, den Unfallhergang und die Personalien aller Beteiligten fest sowie Ort und Zeit des Unfalls;
- Warten, bis Rettungsdienst eingetroffen ist.

> **Europäische (internationale) Notrufnummer:**
> **112**
> **Weitere Notfallnummern in den Alpenländern siehe Anhang!**

44

> **Regel 10:**
> **Ausweispflicht**
> Jeder Skifahrer und Snowboarder, ob Zeuge oder Beteiligter, ob verantwortlich oder nicht, muss im Falle eines Unfalles seine Personalien angeben.

Jeder Skifahrer/Snowboarder sollte es als seine moralische Pflicht ansehen, sich als Zeuge zur Verfügung zu stellen.

Ist kein Kinderausweis vorhanden, empfiehlt es sich, eine Karte mit Vorname, Name, Geburtsdatum, Wohnanschrift und Anschrift der Unterbringung im Urlaubsort mitzuführen.

Die Mitführung des Krankenversicherungsnachweises ist sinnvoll.

*Werden in **Italien** Skigebiete besucht, muss man nicht nur die Regeln des Internationalen Ski-Verbandes beachten. Seit dem 24.12.2003 gilt das Pistengesetz Nr. 363.*

Unter anderem gibt es im Gesetz eine „rechts vor links"-Regel an Kreuzungen. Für das Losfahren nach dem Anhalten und das Hangaufwärtsschwingen gibt es keine konkreten Bestimmungen.

Wer Winterurlaub in Italien verbringt, sollte sich vorher tiefgründig mit diesen Bestimmungen befassen.

*Was im alpinen Skisport geregelt ist, gilt auch für den **Skilanglauf**. Aufgrund der Unterschiede beider Sportarten sind die Verhaltensregeln für den Langlauf angepasst. Aber man erkennt schnell, dass es im Prinzip um die gleichen Regeln geht:*

1. Rücksichtnahme auf die anderen
Jede Person auf Langlaufski muss sich so verhalten, dass sie niemand anderen gefährdet oder schädigt.

2. Signalisation, Laufrichtung und Lauftechnik
Markierungen und Signale (Hinweisschilder) sind zu beachten. Auf Loipen und Pisten ist in der angegebenen Richtung und Lauftechnik zu laufen.

3. Wahl von Spur und Piste
Auf Doppel- und Mehrfachspuren muss in der rechten Spur gelaufen werden. Personengruppen müssen in der rechten Spur hintereinanderlaufen. In freier Lauftechnik ist auf der Piste rechts zu laufen.

4. Überholen
Überholt werden darf rechts oder links. Die vordere Person braucht nicht auszuweichen. Sie sollte aber ausweichen, wenn sie es gefahrlos kann.

5. Gegenverkehr
Bei Begegnungen hat jede Person nach rechts auszuweichen. Die abfahrende Person hat Vorrang.

6. Stockführung
Beim Überholen, beim Überholtwerden und bei Begegnungen sind die Stöcke eng am Körper zu führen.

7. Anpassung der Geschwindigkeit an die Verhältnisse
Jede Person auf Langlaufski muss, vor allem auf Gefällstrecken, Geschwindigkeit und Verhalten ihrem Können, den Geländeverhältnissen, der Verkehrsdichte und der Sichtweite anpassen. Sie muss einen genügenden Sicherheitsabstand zur vorderen Person einhalten. Notfalls muss sie sich fallen lassen, um einen Zusammenstoß zu verhindern.

8. Freihalten der Loipen und Pisten
Wer stehen bleibt, tritt aus der Loipe/Piste. Eine gestürzte Person hat die Loipe/Piste möglichst rasch freizumachen.

9. Hilfeleistung
Bei Unfällen ist jede Person zur Hilfeleistung verpflichtet.

10. Ausweispflicht
Jede Person, ob als Zeugin bzw. Zeuge oder Beteiligte bzw. Beteiligter, ob verantwortlich oder nicht, muss im Falle eines Unfalles ihre/seine Personalien angeben.

Wintersport und Umwelt

Der Bau von Skigebieten ist ein Eingriff in die Natur und bedroht nicht nur Tiere und Pflanzen, sondern auch die Menschen. Das sollte uns stets bewusst sein.

*Es ist gut zu wissen, dass sich die Bergbahnen mehr und mehr dem Thema des **Naturschutzes und der Nachhaltigkeit** stellen.*

Aufgabe des Wintersportlers ist es, das zu unterstützen und die vorhandenen Gebiete so zu nutzen, dass eine weitere Zerstörung der Umwelt vermieden wird. Dazu gehört unter anderem, dass man keine Fahrten/Touren abseits von Pisten, Loipen und Wegen unternimmt.

Die Berge sind die Heimat vieler Tiere und seltener Pflanzen. Das Fahren abseits der Pisten/Loipen sollte man besonders in Waldgebieten aus Liebe zur Natur und zur eigenen Sicherheit unterlassen. Tiere und Pflanzen sind zu schonen. Lärm verängstigt die Tiere. Stört nicht dieses unberührte Winterparadies!

Bei Nichtbeachtung von Wald- und Wildschutzzonen kann unter Umständen der Skipass entzogen

und eine Strafbuße auferlegt werden. Eine straf-
rechtliche Verfolgung ist nicht ausgeschlossen.

Müll oder Abfall verbessert nicht die Befahrbarkeit
einer Piste oder Loipe – nehmt ihn mit und entsorgt
ihn ordnungsgemäß in den dafür vorgesehenen Be-
hältern.

Ski/Snowboard fährst du nur für dich, aber meist nie allein!

Als Wintersportler muss man erkennen, dass trotz guter Vorbereitung und Umsetzung des Ski- und Snowboardfahrens hinsichtlich der Gefahren immer ein Restrisiko besteht. Letztlich geht man das wissentlich ein.

Deshalb sollte man stets verinnerlichen, dass es nicht nur um die eigene Sicherheit, das eigene Risiko geht. Ski/Snowboard fährt man nur für sich, aber meist nie allein! Das muss einem stets bewusst sein.

Skischulen

sind hervorragend, um das sichere Fahren auf Ski oder Snowboard und das richtige Verhalten auf den Pisten und in der Loipe zu erlernen. Zum Skifahren ist man nie zu jung, aber auch nie zu alt!

Auf den kommenden Skikurs kann man sich sehr gut mit Hilfe dieses Ratgeberbuches vorbereiten.

Anhang

Die Notfallnummern in den Alpen-
ländern

Europäische (internationale) Notruf-nummer:
112

Deutschland   *112*

Österreich   *140*
(Vorarlberg auch 144)

Schweiz   *144*
(Schweizerische Rettungsflugwacht 1414)
(Telefon aus dem Ausland +41 333 333 333)

Italien   *118*

Frankreich   *15*
(Rettungsleitstelle Chamonix)

Danksagung

Ein Ratgeberbuch zu schreiben, ist so eine Sache. Unwillkürlich kommen Zweifel und Fragen auf: Wurde Wichtiges vergessen? Was muss der Skianfänger, Einsteiger wissen? Was kann man weglassen? Oder könnte die Aussage für die Eltern des Kindes von Interesse sein?

Da ist es schon gut, wenn Fachexperten auf meinen Wunsch hin ihre Meinung zu diesem Buch äußern und Vorschläge unterbreiten.

Für die positiven Bewertungen, aber auch für die angebrachten und kreativen Anregungen gilt mein herzlicher Dank:

Frau Pia Alchenberger vom Schweizerischen Skiverband;

Frau Mag. Eva Stark vom Skilehrerverband Tirols (Österreich);

Frau Andrea Müller vom Deutschen Skilehrerverband e.V.;

Herrn Thomas Braun vom Deutschen Skiverband e.V.;

Herrn Gert Ehn vom Österreichischen Skiverband;

Herrn Tomas Woldrich, Vorstandsmitglied des Kuratoriums für Alpine Sicherheit in Österreich.

Ein herzliches Dankeschön geht auch an meine Tochter Susann, die, wie immer, mit Akribie und Genauigkeit den Text nach den Regeln der deutschen Sprache prüft.

Fachkommentare

Deutscher Skiverband e.V.:
Vielen Dank für die Erstellung eines Ratgeberbuches für den Skisport. Jede Aktivität in diese Richtung motiviert für den Skisport und schafft Zugänge für Kinder zum Sport und zur Bewegung in der freien Natur. Die Inhalte sind sehr gut recherchiert.

Österreichischer Skiverband:
Toll gemacht, alle Teile sind sehr informativ und leicht zu verstehen. Das Buch ist sehr gut gelungen im Sinne eines sicheren und erlebnisreichen Schneesports.

Schweizerischer Skiverband:
Dieses Thema ist sehr wichtig und den Ansatz eines Buches für Kinder/Anfänger/Einsteiger sehr gut.

Tiroler Skischule (Skilehrerverband Tirol) Österreich
Das Thema Sicherheit ist sehr wichtig und das Ratgeberbuch ist ein guter Beitrag dazu.

Deutscher Skilehrerverband:
Das Ratgeberbuch geht auf verschiedene Situationen auf der Piste gut ein.

Österreichisches Kuratorium für Alpine Sicherheit:
Das Ratgeberbuch ist gut recherchiert und sehr komplett. Ein solides Grundwissen ist eine der Voraussetzungen für einen sicheren Schneesport und das Buch somit ein guter Beitrag dazu.

Erklärung

Der Autor übernimmt trotz sorgfältiger Bearbeitung, Recherche und Kontrolle keine Gewähr für die Aktualität, Korrektheit bzw. Vollständigkeit der bereitgestellten Informationen.

Alle Angebote sind freibleibend und unverbindlich. Für eventuelle Schäden materieller oder ideeller Art, die durch die Nutzung der dargebotenen Informationen bzw. durch die Nutzung fehlerhafter oder unvollständiger Informationen verursacht wurden, wird nicht gehaftet.

Quellennachweis

Wikipedia (FIS-Regeln, Pistengesetz Nr. 363, Schwierigkeitsgrade); SKUS-Richtlinien (Schweizerische Kommission für Unfallverhütung auf Schneesportabfahrten);
Pisten-Ordnungs-Entwurf (POE) des Österreichischen Kuratoriums für Alpine Sicherheit (allgemeine Verhaltensregeln);

Notizen/Ergänzungen

_____

_____

_____

_____

_____

_____

_____

_____

_____

_____

_____

_____

_____